Iris Binder

Die Kinder-Yoga-Kiste

20 neue Yoga-Geschichten mit Bildkarten

Mit Illustrationen von Seppo Kaiser

HERDER

FREIBURG · BASEL · WIEN

Inhalt

Vorwort

Wie schön, dass Sie die Kinder-Yoga-Kiste in den Händen halten! Freuen Sie sich auf eine inspirierende Mischung von fantasievollen Yoga-Geschichten, entspannenden Meditationen und wunderschön illustrierten Yoga-Übungen (Asanas) zum Gleich-Loslegen.
Wie die bereits erschienene Kinder-Yoga-Box vermittelt auch die Kinder-Yoga-Kiste auf spielerische Weise und in einfacher, kindgerechter Sprache tiefes Wissen und wirkungsvolle Techniken aus den alten Lehren des Yoga. Kiste und Box sind unabhängig von einander nutzbar, ergänzen sich wunderbar und können einfach kombiniert werden.
Sie finden hier 20 neue Yogastunden, die ohne große Vorbereitung und auch ohne Yoga-Vorerfahrung leicht umgesetzt werden können. In Form von 15 Geschichten mit 27 Asana-Bildkarten können Sie zusammen mit den Kindern Yoga praktizieren und erleben. Ergänzend dazu gibt es auf fünf Karten Visualisierungs-Meditationen in Form von Traumreisen für die regelmäßige Praxis – zu unterschiedlichen Themen und Wirkungsbereichen, wie Visionen & Wissen; Unbegrenztheit & Unendlichkeit; Erdung & Verbindung; Reinigung & Heilung.
Im Begleitheft finden Sie neben einer kurzen Einführung zur Yoga-Praxis mit Kindern die Abbildungen der enthaltenen Asanas mit ausführlichen Beschreibungen. Lieder, Mantras und ergänzende Entspannungs-, Wahrnehmungs- und Konzentrationsübungen zum Einstieg und Abschluss der Stunden runden das Angebot ab. So können Sie mit den Kindern Geschichten erzählen, gemeinsam Yogaübungen praktizieren, singen, spielerisch atmen und tönen, meditieren und dabei Beweglichkeit, Körpergefühl, Konzentration und Wahrnehmung schulen. Angestaute Energien werden freigesetzt und Sie können sich gemeinsam tief entspannen und frische Energie aufbauen.
Ich wünsche Ihnen und den Kindern mit der Kinder-Yoga-Kiste viel Freude und kreative, genussreiche gemeinsame Yoga-Zeiten!

Iris Binder

Was ist Yoga?

Yoga ist ein uraltes und ganzheitliches Übungssystem zur Entwicklung von Körper, Geist und Seele, um Erkenntnis über die Wirklichkeit zu erlangen. Yoga bedeutet Verbindung, Harmonie und Einheit. Die Praxis schenkt mehr Gesundheit, Ausgeglichenheit und Energie. Yoga ist zugleich ein Zustand, wie auch der Weg, um diesen Zustand zu erreichen. Es gibt verschiedenste Instrumente, um die Bewusstwerdung über die Einheit und Verbundenheit mit dem gesamten Universum zu erlangen. Die Kinder-Yoga-Kiste beinhaltet Elemente aus den Körper- und Atemübungen, dem Singen und Tönen, der Tiefenentspannung und Massage, der Meditation und Wahrnehmung.

In der ersten Yogastunde können Sie mit den Kindern überlegen, woher Yoga kommt und was es damit auf sich hat. Folgende Fragen und Antworten können dabei helfen:

- Woher kommt Yoga? —> Aus Indien.
- Wer hat Yoga erfunden? —> Menschen in Indien.
- Wann ist Yoga entstanden? —> Vor tausenden von Jahren. Die genauen Anfänge sind unbekannt. In Darstellungen von 3000 v. Chr. findet man bereits Yogapositionen.
- Wie ist Yoga entstanden? —> Vor vielen tausend Jahren gab es in Indien Menschen, die Rishis, auch Meister genannt, die sich fragten: Wer bin ich? Wo komme ich her? Was ist die Welt? Gibt es etwas Höheres? Was passiert nach dem Tod? Sie gingen in tiefe Meditation, beobachteten die Natur, lebten ihr Leben tief verwurzelt in und mit der Natur, verbanden sich mit ihr, machten sie nach, bekamen Ideen, machten besondere Erfahrungen und erfuhren sich in ihrem ursprünglichen Sein.
- Warum macht man Yoga? —> Die Menschen haben gemerkt, dass es ihnen gut tut, in die Stille zu gehen und bestimmte Übungen zu praktizieren, z. B. wie ein Löwe zu brüllen, sich wie eine Schlange aufzubäumen oder wie ein Baum verwurzelt dazustehen. Sie haben erfahren, dass sie so mehr Energie haben, gesünder, stärker, beweglicher, wacher, konzentrierter, ausgeglichener, entspannter, fröhlicher und kreativer sind. Sie haben gemerkt, dass sie sich durch die Yoga-Praxis mit sich selbst und anderen Menschen, der Natur und dem Universellen verbundener fühlen und mit ihnen eins sind.
- Was macht man im Yoga? —> Im Yoga nimmt man sich Zeit für sich, bewegt sich, nimmt verschiedene Körperhaltungen ein, atmet bewusst und auf spezielle Weise, konzentriert sich auf eine Sache, setzt sich still hin, nimmt etwas ganz bewusst wahr, singt, entspannt und verbindet sich.

Wie die Yoga-Kiste funktioniert

Die Yoga-Kiste enthält 20 große Karten mit je einer Yoga-Stunde. Davon sind 14 Yoga-Geschichten, fünf Visualisierungs-Meditationen und eine ein Yoga-Würfelspiel. Außerdem gibt es 27 kleine Bildkarten mit den einzelnen Körperübungen, den sogenannten Asanas. Die Yoga-Stunden sind für Kinder von 3–9 Jahren geeignet und können somit im Kindergarten- und Grundschulalter genutzt werden. Sie können dem Alter entsprechend variiert vorgelesen, erzählt und ausgeschmückt werden. Die Yoga-Geschichten funktionieren wie Bewegungsgeschichten, in denen man alles tut und spielt, was in der Geschichte geschieht – hier vor allem in Form von entsprechenden Yoga- und teils Atemübungen. Immer wenn eine Asana in der Geschichte vorkommt, wird diese geübt und zuvor die zugehörige Bildkarte gelegt. Die Yoga-Stunden können in beliebiger Reihenfolge ausgewählt werden. Lassen Sie sich bei der Auswahl einer Stunde von der Stimmung des Tages, den aktuellen Interessen der Kinder, der Jahreszeit oder den behandelten Themen im Alltag leiten. Falls Sie bereits die Kinder-Yoga-Box besitzen, können Sie deren Inhalte mit denen aus der Yoga-Kiste kombinieren. Es gibt einige Stundenvorschläge, in denen Sie die Yoga-Übungen frei auswählen können. Hier bietet es sich an, Übungen aus Kiste und Box zu mischen. Vielleicht lassen Sie sich auch dazu inspirieren, neue Yoga-Geschichten mit den Asanas aus beiden zusammenzustellen.

Die Yoga-Stunden-Karten

Vorderseite

Auf der Kartenvorderseite vermitteln Bild und Titel eine erste Idee zum Inhalt der Stunde. Gleich unter dem Titel werden alle in der Stunde benötigten Bildkarten aufgezählt. Am linken Bildrand ist zu lesen, welche Bereiche in der Yogastunde physisch, energetisch, emotional und thematisch im Besonderen angesprochen werden. Oft gibt es auch eine oder mehrere Angaben zu *Atmung*, *Entspannung*, *Konzentration*, *Wahrnehmung*, *Tanz* und / oder *Massage*. Diese erläutern, ob es eine jeweilige Übung passend zur Stunde gibt und auf welcher Seite diese im Begleitheft zu finden ist.

Rückseite

Hier finden Sie den Text (Geschichte, Meditation oder Spielanleitung) zu dieser Stunde.

Zu den Yoga-Geschichten:

Die Geschichten werden stückchenweise vorgelesen und parallel dazu gespielt. Alles, was in der Geschichte geschieht, tun, tönen und spielen Sie gemeinsam mit den Kindern. Sowohl die rot und fett gedruckten Yoga-Übungen (Asanas), als auch alle anderen Aktionen, die im Text beschrieben werden. Die roten Punkte zeigen an, wann Sie die zuvor genannte Asana mit den Kindern im Fluss der Geschichte gut üben können. Zusätzliche Aktivitäten für die Kinder sind in Klammern grün und kursiv gekennzeichnet. Wenn Sie als Anleiterin / Anleiter etwas Besonderes tun, ist dies in Klammern rot und kursiv gedruckt.

Wird eine Übung aus dem Bereich von Atmung, Entspannung, Konzentration, Wahrnehmung, Tanz oder Massage praktiziert, ist diese durch ein Kürzel wie A2, E3, K1, W4, T2 oder M2 orange und fett gedruckt an der jeweiligen Stelle in der Geschichte angegeben.

Die Geschichten sind in ihrer Formulierung kurz und übersichtlich gehalten. So, dass Sie sie möglichst frei und aufmunternd zu den Kindern gewandt erzählen können. Die Geschichten dienen als Ideengeber und Leitfaden. Sie können ganz nach Wunsch und Situation ausgeschmückt und mit Details bereichert werden. Auch können Sie während des Erzählens Fragen an die Kinder stellen oder Ideen der Kinder aufnehmen. So wird die Geschichte lebendig, macht Freude und entsteht im Moment.

Die gleiche Geschichte kann an einem anderen Tag oder mit einer anderen Gruppe wieder ganz anders ablaufen und erlebt werden. Dies ist nicht zuletzt davon abhängig, welche Stimmung und Dynamik in der Gruppe am entsprechenden Tag vorherrscht. Es kann passieren, dass Sie eine Geschichte begonnen haben, die eine ruhige Dynamik in sich trägt und dann bemerken, dass die Kinder unglaublich viel Energie haben, welche erst einmal freigesetzt werden möchte, bevor sie sich wieder konzentrieren und ruhig werden können.

Sie können dann dieser Dynamik Raum geben, indem Sie ein lebhaftes Bewegungsspiel einfügen oder energiefreisetzende Asanas üben, wie den tanzenden Affen, den brüllenden Löwen oder den Vulkan. Oder Sie schieben einen Teil der Aufwärmung ein. Lassen Sie sich vom Moment und Ihrer Intuition leiten.

Farb- und Schriftsymbolik in den Yoga-Geschichten

- **Fett, rot**: Asanakarte legen
- ***Fett, rot, kursiv***: Asana ohne Karte
- *Punkt, fett, rot*: An dieser Stelle die letzte angegebene Asana ausführen.
- (*Kursiv, rot in Klammern*): Aktion von Ihnen
- (*Kursiv, grün in Klammern*): Aktion der Kinder
- **Kürzel A, E, T, M, K, W, fett, orange**: Atmung / Entspannung / Tanz / Massage / Konzentration / Wahrnehmung

Zu den Visualisierungs-Meditationen:

Die Kinder werden von einem alten weisen Meister (der Erzählerfigur aus der Yogageschichte *Die Schatzinsel* in der *Kinder-Yoga-Box*) „mit auf die Reise" genommen. Die Meditationen können oft wiederholt werden, da sie als „Handwerkszeug" für den Alltag dienen, um gesund, fröhlich und kraftvoll zu leben. Sie können in den Alltag einfließen, so wie das Zähneputzen, Umziehen und Duschen. Probieren Sie selbst aus, wie es ist, die Meditationen regelmäßig zu nutzen und geben Sie sie an die Kinder weiter, als etwas, das sie täglich anwenden können.

Bitten Sie die Kinder, sich für die Meditationen aufrecht auf ein Kissen am Boden zu setzen. Wenn dies nicht ruhig möglich ist, können sie sich auch gemütlich hinlegen. Wichtig ist, dass sie eine bequeme Position finden, in welcher sie für eine Weile in Ruhe verbleiben können. Die Kinder schließen ihre Augen und entspannen sich. Beginnen Sie mit dem *Einstieg* (s. u.) zur Meditation, wenn die Kinder zur Ruhe gekommen sind. Nach dem Einstieg folgt die von Ihnen ausgewählte Meditation auf einer der DIN A5- Karten. Danach beenden Sie die Stunde mit dem *Schluss* (S. 8).

Einstieg: „Der kleine weise Mann der Schatzinsel ist ein wahrer Meister des Lebens und seiner Geheimnisse. Er hat uns (wieder) zu sich eingeladen, um ein (weiteres) Geheimnis mit uns zu teilen. Setze oder lege dich ganz bequem hin und schließe sanft deine Augen. Spüre, wie dein Körper sich entspannt und du dein Gewicht an den Boden abgibst. Dein Atem fließt ganz ruhig. Neben dir erscheint ein fliegender Teppich. Du steigst auf. Er hebt dich in die Lüfte und fliegt mit dir durch Raum und Zeit .... Du siehst unter dir die Schatzinsel. Sanft wirst du abgesetzt. Der kleine Meister begrüßt dich herzlich und heißt dich auf der Insel willkommen. ‚Wie schön, dass du den Weg (wieder) zu uns gefunden hast.'

Schluss: „Der weise Mann gibt dir ein Zeichen, dass es nun Zeit ist, wieder zu gehen. ‚Lass uns denselben Weg gemütlich zum fliegenden Teppich zurückgehen. Alles Erfahrene und Gesehene kann sich jetzt setzen und verankern.' Der kleine weise Mann reicht dir zum Abschied seine Hand: ‚So schön, dass du da warst. Hab eine ganz wunderbare Zeit bei dir zu Hause!' Du dankst ihm für seine Gastfreundschaft und alles, was du heute von ihm erfahren durftest. Der fliegende Teppich liegt schon bereit. Du steigst auf. Er hebt sich in die Lüfte und fliegt dich wieder durch Raum und Zeit zurück nach Hause (in den Kindergarten / in die Schule) ... Werde dir nun langsam des Raumes um dich herum bewusst. Spüre den Boden. Lass dich in deinen Körper eintauchen. Atme tief ein und aus. Sei voll und ganz zurück! Recke und strecke dich. Du bist vollkommen entspannt und wach zurück im Hier und Jetzt."

Zum Yoga-Würfelspiel:

In diesem Spiel werden Yoga-Übungen, Stille-Momente und das Brettspielen vereint. Alle Mitspieler möchten ein gemeinsames Ziel erreichen, daher spielen alle zusammen. So wird der Gemeinschaftsgedanke, das *Wir*, gestärkt. Wenn die Regeln bekannt sind, können die Kinder alleine spielen und auf diese Weise selbstständig spielerisch Yoga üben. Da das Spielbrett in DIN A5 etwas klein ist, finden Sie einen Download für ein DIN A4 Spielbrett zum Ausdrucken und Laminieren im Internet unter:

www.herder.de/extras/

Die Asana-Bildkarten

Auf den kleinen Bildkarten sehen Sie jeweils die Position einer Yoga-Übung (Asana) und das dazugehörige Tier, den passenden Gegenstand oder etwas aus der Natur. Beim Erzählen und Spielen der Yoga-Geschichten legen Sie immer dann, wenn ein Wort im Text fett und rot gedruckt ist, die entsprechende Asana-Karte in die Mitte des Kreises, vielleicht um eine vorhandene Dekoration (Kerze, Stein, Klangschale etc.) herum. Anschließend üben Sie beim roten Punkt gemeinsam mit den Kindern die entsprechende Asana. Immer dann, wenn die Asana wiederholt in der Geschichte auftaucht, können Sie diese wieder praktizieren. Manchmal könnte das wiederholte Üben jedoch die konzentrierte Stimmung des Moments stören. In diesem Fall verzichten Sie darauf.

Wissenswertes vorweg

Dynamik

Im Kinder-Yoga kann es lebendiger zugehen, als Sie es aus Ihrer Erwachsenen-Yogapraxis kennen oder es sich vorstellen. Das ist gut und richtig so. Aktion und Bewegung wechseln sich ab mit Stille und Entspannung. Die Yogastellungen werden nur kurz gehalten und dafür öfter wiederholt. Sowohl in dem Moment, wenn die Asana vorkommt, als auch an verschiedenen Stellen in der Geschichte.

Regeln

Im Yoga ist es wichtig, eine wertschätzende und achtsame Grundhaltung einzunehmen und zu vermitteln. Niemand wird ausgelacht, jede/r praktiziert so gut wie er/sie es kann, ganz frei von Druck und Leistung. Es gibt nichts zu erreichen, es gilt einfach zu üben und zu erfahren. Die Kinder sollten bei den Übungen wenn möglich durch die Nase atmen, nur bei speziellen Atemübungen und beim Tönen wird gegebenenfalls durch den Mund geatmet.

Anschaulichkeit

Kinder erlernen Neues auf verschiedenen „Kanälen". So bekommen sie bei den Yoga-Geschichten unterschiedliche Impulse für die Ausführung der Übungen. Den ersten Impuls erhalten die Kinder durch das Hören der Geschichte und die dabei entstehenden Bilder, den zweiten über die Bildkarten der Asanas. Den nächsten Anstoß bekommen die Kinder darüber, dass Sie als Erwachsener die Körperübung vormachen. Die Kinder können diese abschauen und nachmachen. Zudem geben Sie sprachliche Anweisungen und können durch achtsam führende Berührung Bewegungsfehler korrigieren.

Fragen

Sie können während der Yoga-Geschichte Fragen stellen. Das regt die Kinder zum Mitdenken an und fördert ihre Konzentration.

- „Was passiert gleich?"
- „Wer kommt jetzt?"
- „Was könnten sie tun?"
- „Was denkt / fühlt … wohl gerade?"
- „Warst du auch schon mal traurig, wütend, …? Warum warst du traurig, wütend, …?"
- „Warum tut / sagt … das?"

Sie können am Ende zur Yoga-Geschichte / Visualisierungs-Meditation und zum Erlebten Fragen stellen. Dies festigt und vertieft die Eindrücke. So werden die Kinder angeregt, zu reflektieren, sich zu erinnern und sich sprachlich zu äußern.

- „Was ist in der Geschichte geschehen?"
- „Wen haben wir in der Geschichte kennengelernt?"
- „Kennt ihr es auch, dass …?"
- „Wie macht ihr es, wenn …?"
- „Wart ihr auch schon mal …?"
- „Wie war es für dich …?"
- „Wie hast du dich gefühlt als / bei / …?"
- „Hast du etwas gesehen? … Was ist dann geschehen?"

Ritualisierung

Rituale geben Kindern Halt. Sie stimmen sie auf das Kommende ein, schaffen ein Gefühl der Verbindung, öffnen Räume und schließen diese wieder. Immer wiederkehrende Lieder, Klänge, Bewegungen und Düfte sind hierfür besonders geeignet.
Raumduft: Sie können vor der Stunde einen beruhigenden, stimmungsaufhellenden, öffnenden Duft im Raum verteilen (Zerstäuber / Duftlampe), z. B. Lavendel, Melisse, Zitrone, Orange, Rose oder Sandelholz – ganz nach Belieben. Ein solcher Duft kann auf die Kinder

ausgleichend wirken, so dass sie sich unbewusst innerlich für das Kommende öffnen und an das bereits Erlebte anknüpfen.
Begrüßung: Sie können die Stunde mit einem Mantra (S. 13) beginnen. Das Mantra wird die nächsten Tage und Wochen über in den Kindern weiterschwingen und damit das Erlebte lebendig halten.
Stille-Zeichen: Sie können ein Stille-Zeichen mit den Kindern vereinbaren, wie z. B. das Klingen der Zimbeln. Dieses Zeichen können Sie am Anfang der Stunde zum Ruhigwerden nutzen sowie jederzeit während der Stunde.
Abschluss: Auch am Ende der Stunde können sie gemeinsam ein Mantra singen.
Wochenrhythmus: Wenn ein regelmäßiges Yoga-Angebot in den Wochenablauf integriert ist, wird es für die Gruppe etwas Normales und Vertrautes. So werden die Übungen routinierter, die Kinder bekommen immer mehr Gespür für ihren eigenen Körper und alles Erlebte kann sich tiefer integrieren.

Integration in den Alltag

Es ist schön, die Yoga-Praxis hier und da in den Alltag einzubeziehen, um sie lebendig zu halten. So kann z. B. ein Mantra auch mal zwischendurch gesungen werden. In den Morgenkreis oder in bestimmte Spiele lassen sich immer wieder spontan einzelne Asanas einbauen.

Vorbereitung

Raum

- Raum lüften.
- sanftes Licht
- evtl. beruhigender, stimmungsaufhellender, öffnender Raumduft (S. 10)
- Matten im Kreis auslegen. (Alternativ auf dem Boden üben. Nicht auf Decken, da diese leicht rutschen.)
- Für die Entspannungsphase evtl. Decken bereitlegen.
- In der Mitte des Kreises eine kleine Dekoration aus Tuch, Kerze und zur Geschichte Passendem auslegen.

Kinder

- maximal 10–12 Kinder in einer Stunde
- bequeme Kleidung
- Wenn möglich barfuß üben, da die Kinder so einen besseren Halt und direkten Kontakt zum Boden haben.
- Nicht sofort nach dem Essen eine Yogastunde planen. Ca. 1 Stunde sollte dazwischen liegen.

Zeit

Eine Yoga-Stunde kann ca. 30–45 Minuten dauern. Die Dauer ist abhängig vom Alter der Kinder, von der vorhandenen Konzentration, von der Zeit des Verweilens in den Asanas und von der Ausschmückung der Geschichte.

Stundenaufbau

Die Yogastunden können folgenden Aufbau haben:

- Anjali Mudra, Mantra und Om (S. 13/14)
- Aufwärmen (S. 15)
- Einstimmung in die Stunde
- Yoga-Geschichte mit Asanas / Visualisierungs-Meditation (Din A5-Karten)
- Abschluss (S. 15)

Handwerkszeug zur Umsetzung

Singen und Mantras

Singen verbindet, hebt die Stimmung und öffnet das Herz. In allen Traditionen ist das Singen etwas Wesentliches. Mantras sind gesungene, gesprochene oder innerlich rezitierte Worte und Silben mit besonderer Bedeutung und tiefer Wirkung. Sie durchdringen Körper, Geist und Seele und wirken damit sammelnd, heilend, erhellend und befreiend.

Om

Om ist der Ur-Klang des Universums und besteht aus den drei Lauten O-U-M. Sie werden im fließenden Übergang nacheinander getönt in etwa gleicher Länge. Sie symbolisieren die Dreieinheit. Dieser Klang wird seit Jahrtausenden zur Harmonisierung von Körper, Geist und Seele verwendet.

Soham

„Soham soham – soham shivoham – soham soham – soham shivoham“

Dieses Mantra symbolisiert die Einheit des Individuums mit dem Absoluten:
„So“ bedeutet „Er/Das“ und weist auf die allumfassende Wirklichkeit hin. „Ham“ bedeutet „Ich bin“. „Soham“ heißt also: „Er ist ich. Ich bin er“ Oder „Ich bin der/die ich bin.“ Shivoham heißt: „Ich bin Shiva“. Shiva bedeutet Liebe, Güte, Wohlwollen, glücksverheißend. Also bedeutet es: „Ich bin Liebe, Güte, Glück“.

YouTube-Video von Yogi Hari: **www.bit.ly / HariSoham**

Lokah Samastah

„Lokah Samastah Sukhino Bhavantu"

Dies ist ein Segensspruch und bedeutet: „Mögen alle Wesen in allen Welten glücklich und frei sein und möge ich mit meinen Gedanken, Worten und Taten auf bestmögliche Weise dazu beitragen." Dieses Mantra steht für Frieden, Harmonie und Glück. Es erinnert uns an die universelle Einheit und daran, dass wir mit allem verbunden sind. Wir dürfen unsere Herzen öffnen und anderen Menschen, Tieren und Dingen gegenüber Wohlwollen und Liebe zeigen, um selbst Glück erfahren zu können.

YouTube-Video von Sukadev: **www.bit.ly / LokahSukadev**

Mudra

Ein Mudra ist eine Hand- und Fingerhaltung mit bestimmten Wirkungen auf körperlicher, geistiger und emotionaler Ebene.

Anjali Mudra

Handflächen und Finger vor dem Brustbein (dem Herzen) flach aneinanderlegen.

Begrüßung

- Wir setzen uns aufrecht hin.
- Wir legen die Hände in das Anjali Mudra (s. o.) vor dem Herzen zusammen.
- Wir singen gemeinsam das Mantra „Soham" (S. 13).
- Wir tönen gemeinsam 3x das „Om" (S. 13).
- Wir verneigen gemeinsam den Kopf (den Geist) vor dem Herzen.

Abschluss

- Wir setzen uns aufrecht hin.
- Wir legen die Hände in das Anjali Mudra (S. 14) vor dem Herzen zusammen.
- Wir singen gemeinsam das Mantra „Soham" (S. 13).
- Wir tönen gemeinsam 3x das „Om" (S. 13).
- Wir verneigen gemeinsam den Kopf (den Geist) vor dem Herzen und sagen „Namaste".

Das Wort **Namaste** hat dieselbe Bedeutung wie die dazu ausgeführte Geste. Der Ausdruck kommt aus dem Sanskrit und bedeutet: Nam = verbeugen, as = ich, te = du. Wörtlich übersetzt: „Ich verbeuge mich vor dir."

Da es im Yoga die Überzeugung gibt, dass sich in jedem von uns im Herzen ein göttlicher Funke befindet, bedeutet diese Geste, dass sich unser Göttliches vor dem Göttlichen des anderen verneigt. So dass wir uns in Dank und Respekt, jenseits von Identifikation und Ego, mit dem anderen auf der Ebene des Herzens verbinden.

Aufwärmung

Das Aufwärmen dient Körper und Geist dazu anzukommen, wach und warm zu werden, loszulassen und sich zu lockern. Machen Sie mit den Kindern immer einige Aufwärmübungen, bevor Sie mit der Yoga-Stunde beginnen. Folgende Punkte können als Ideengeber dienen:

• Hüpfen und „Hampelmann"; • auf der Stelle schnell rennen; • sich strecken und räkeln; • sich groß und klein machen; • sich eng und weit machen; • mit ausgestreckten Armen in Richtung Wände und Decke greifen; • nacheinander Füße, Beine, Hände, Arme, den ganzen Körper ausschütteln; • mit dem Po oder / und den Schultern wackeln; • den Körper mit den Händen ausklopfen / rubbeln / ausstreifen; • die Arme um den Körper schwingen, während der Oberkörper mitdreht und der Blick über die Schulter nach hinten geht; • die Arme wie eine Windmühle kreisen; • Schwimm- und Kraulbewegungen machen; • den Kopf zu den Seiten und nach vorne neigen; • die Arme nach oben nehmen, sich langsam mit dem Oberkörper mit langem Rücken und gestreckten Beinen nach unten beugen und dann den

Oberkörper hängen lassen; • Schultern vor- und zurückkreisen; • die Schultern nach oben ziehen und mit einem „Ha!" (tönen) fallen lassen; • wie ein Pferd schnauben und dazu tönen; • den Mund weit öffnen und die Zunge herausstrecken; • Grimassen schneiden; • der Sonnengruß.

Sonnengruß

Der Sonnengruß ist eine Abfolge von Asanas, welche im Fluss des Atems praktiziert werden. Über 100 Muskeln werden trainiert und der Körper wird geschmeidig. Wenn Sie den Sonnengruß mit den Kindern erlernen, bleiben Sie mehrere Atemzüge in einer Position, um sie richtig einzurichten und gegebenenfalls zu korrigieren.

Ein Sonnengruß beinhaltet zwei Runden. In der ersten Runde wird immer mit dem rechten Bein begonnen und bei der zweiten Runde immer mit dem linken Bein. Üben Sie den Sonnengruß so viele Runden lang, wie es Ihnen für die Kinder passend erscheint. Wiederholen Sie den Sonnengruß regelmäßig, bis er gefestigt ist und im Fluss des Atems praktiziert werden kann. Dann eignet er sich auch zum Aufwärmen am Anfang einer Yogastunde.

Die Abfolge des Sonnengrußes in Worten (1. Runde – rechte Seite):

„Zu Beginn stelle dich in die Berg-Position. Atme frei ein und aus. Spüre deine Füße am Boden und deine Verwurzelung mit der Erde. Spüre deine Aufrichtung und dein Nach-oben-Streben zum Himmel. Die Arme hängen neben dem Körper nach unten, und die Fingerspitzen ziehen leicht Richtung Boden."

(1) Einatmen – führe die Arme über die Seiten über den Kopf. Ausatmen – lege die Handflächen aneinander und bringe sie gefaltet vor dein Herz.
(2) Einatmen – führe deine Arme gestreckt über den Kopf, lass dein Steißbein sinken, schieb dein Becken leicht nach vorne, lehne deinen Oberkörper langgestreckt leicht nach hinten, öffne dein Brustbein / Herz zur Sonne und lass den Nacken lang.
(3) Ausatmen – beuge dich mit langen Armen und langem Rücken nach vorne und unten. Lege die Hände neben den Füßen zum Boden, beuge deine Beine, wenn nötig. Lass den Kopf los.

(4) Einatmen – mache mit dem rechten Fuß einen großen Schritt nach hinten. Lege Knie und Fuß am Boden ab. Achte darauf, dass dein linkes Schienbein senkrecht zum Boden steht und die rechte Leiste so weit wie möglich geöffnet ist. Lass die Hände am Boden, schau nach vorne, weite deinen Nacken und öffne deinen Brustkorb.
(5) Ausatmen – drücke beide Füße in den Boden, richte den Oberkörper auf, lass dein Becken unten und damit die Hüftbeuge weit geöffnet. Einatmen – bringe die Arme über die Seite nach oben und falte deine Hände über deinem Kopf. Alle Finger sind eingeschlagen, nur der Zeigefinger zeigt nach oben zur Decke. Wachse mit dem Oberkörper nach oben und beuge dich vielleicht etwas nach hinten.
(6) Ausatmen – lege die Hände neben den Fuß und nimm dein linkes Bein nach hinten, so dass die Füße nebeneinander stehen. Schiebe den Po zur Decke, und du bist im nach unten schauenden Hund. Rücken, Arme und Beine sind gestreckt. Die Fersen sinken, der Kopf ist entspannt.
(7) Einatmen – Schieb deinen Kopf nach vorne bis du im Brett / Liegestütz bist. Atem anhalten – Beine, Po, Rücken, Nacken und Kopf bilden eine schräge Ebene.
(8) Ausatmen – bringe die Knie zum Boden, senke die Brust zwischen die Hände und lege die Stirn vorne am Boden ab. Das Becken ist dabei noch in der Luft.
(9) Einatmen – lass das Becken und die Füße sinken, strecke die Wirbelsäule in die Länge, hebe den Kopf an, blicke nach vorne und hebe deinen Brustkorb nur so weit an, dass du keinen Druck in die Hände gibst.
(10) Ausatmen – drücke die Hände in den Boden, hebe den Oberkörper an, lass das Gesäß in Richtung Decke gehen; strecke Rücken, Arme und Beine so, dass du wieder im nach unten schauenden Hund bist. Senke deine Fersen in Richtung Boden und lass den Kopf los.
(11) Einatmen – nimm den rechten Fuß in einem großen Schritt nach vorne zwischen die Hände. Hebe dafür vielleicht die rechte Hand kurz vom Boden an, so dass du Platz hast für das Nachvorneschwingen des Beins. Lege dein linkes Knie und den Spann am Boden ab. Achte darauf, dass dein rechtes Schienbein senkrecht zum Boden steht und die linke Leiste so weit wie möglich geöffnet ist. Lass die Hände am Boden, schau nach vorne, weite deinen Nacken und öffne dein Brustkorb.
(12) Ausatmen – drücke beide Füße in den Boden, richte den Oberkörper auf, lass dein Becken unten. Einatmen – lass die Arme über die Seiten nach oben gehen und die falte die Hände über deinem Kopf. Wachse nach oben und hinten.
(13) Ausatmen – bringe die Hände zurück neben die Füße und nimm dein linkes Bein nach vorne neben den anderen Fuß.

(14) Einatmen – streck deine Arme neben den Ohren nach vorne, hebe den gesamten Oberkörper an und komm in die Aufrichtung. Halte deine Arme gestreckt, lass dein Steißbein sinken, schieb dein Becken leicht nach vorne, lehne deinen Oberkörper langgestreckt nach hinten, öffne dein Brustbein zur Sonne und lass den Nacken lang.
(15) Ausatmen – lass deinen Körper in die Senkrechte kommen; die Hände sinken über dein Herz nach unten neben den Körper.

Nun folgt die **2. Runde** – immer **mit der linken Seite** beginnend von Punkt (1) – (15).

Zum Abschluss des Sonnengrußes stehen Sie einige Atemzüge mit den Händen vor dem Herzen gefaltet. Lassen Sie die Kinder den Atem und Herzschlag spüren.

Wenn der Sonnengruß den Kindern bekannt ist und sie ihn ohne verbale Anleitung üben können, oder wenn Sie jeweils einige Atemzüge in den Stellungen bleiben, können Sie die 15 Stellungen mit den folgenden Sätzen auch thematisch begleiten:

(1) Ich grüße das Licht.

(2) Ich grüße die Sonne.

(3) Ich grüße Mutter Erde.

(4) Ich blicke freudig nach vorn.

(5) Ich verbinde mich mit Himmel und Erde.

(6) Ich bin im Gleichgewicht.

(7) Ich bin stark.

(8) Ich bin Teil der Erde.

(9) Ich öffne mein Herz.

(10) Ich bin gesund.

(11) Ich lächle mir zu.

(12) Ich lasse Erd- und Sonnenkraft in mich einströmen.

(13) Ich verneige mich vor der Schöpfung.

(14) Ich freue mich auf das Leben.

(15) Danke.

Tanzen

Tanzen schenkt Freude, Kraft und Selbstbewusstsein. In allen Kulturen wird getanzt. Der Tanz dient dem geselligen Beisammensein, der Kommunikation und den Ritualen. Tanzen unterstützt die kognitive Entwicklung, Konzentration und Merkfähigkeit, das Rhythmusgefühl und die Kreativität. Anspannungen können losgelassen und neue Energien geweckt werden. Tanzen tut einfach gut.

T1 Stopptanz Spielen sie lebhafte Musik, die zum Tanzen einlädt. Die Kinder tanzen, so lange die Musik läuft. Wenn die Musik stoppt, stoppen auch die Kinder ihren Tanz, als würden sie einfrieren. Wenn Sie die Musik weiterlaufen lassen, tanzen die Kinder weiter.

T2 Affentanz Beim Hopserlauf Knie hochziehen und mit gegenüberliegender Hand auf den Oberschenkel klatschen. Erst am Platz und anschließend im Kreis herum.

T3 Asana-Tanz Wählen Sie (mit den Kindern) einige Asana-Karten aus und legen Sie diese bei der Musikanlage offen hin. Spielen Sie lebhafte Musik, die zum Tanzen anregt. So lange die Musik läuft, tanzen alle wild und frei. Wenn Sie die Musik stoppen, stoppen alle ihren Tanz und Sie rufen eine der ausgewählten Asanas. Alle verwandeln sich in die Asana – in das Tier oder die Sache – und bleiben so lange in der Übung, bis die Musik wieder zu spielen beginnt. Die Rolle der Spielleitung (Musik einspielen und stoppen; Asana nennen) können Sie an die Kinder reihum weitergeben.

Atmung und Tönen

Atmen ist Leben. Ein freier und tiefer Atem ist wichtig für ein gesundes Leben. Körperliche, geistige und emotionale Anspannungen lassen den Atem oft oberflächlich werden. Durch das Üben der Asanas bekommt der Atem Impulse für den natürlichen Fluss, wie auch durch das spielerische Atmen und Tönen. Der Körper kann sich entspannen, und der Geist wird ruhiger und klarer. Körper, Atmung und Geist bedingen sich gegenseitig. Drehen wir an einem der Rädchen, verändern sich die anderen mit.

Während der Asanas sollte der Atem entspannt und frei durch die Nase fließen. Nutzen Sie begleitend das Tönen und spielerische Atmen, wann immer möglich und passend. So z. B. das Wehen des Windes, das Pfeifen der Vögel oder das Rauschen der Wellen. Beim tiefen Atmen werden die gesamten Lungenflügel mit frischer Luft durchströmt, und die Organe erhalten eine Massage. So werden sie aktiviert, erlangen ihren natürlichen Raum zurück, und Giftstoffe werden ausgeschieden.

A1 Stoßatmung Atmen Sie stoßweise aus, und tönen Sie dabei für eine Weile „Tsch – Tsch – Tsch". Dies ist eine kraftvolle Atmung, bei welcher der Fokus auf der Ausatmung liegt. Die Luft wird vom Zwerchfell hinausgestoßen, und der obere Bauch bewegt sich kräftig. Das Einatmen zwischen den „Tsch"-Lauten bzw. dem Ausatmen geschieht einfach, da das Zwerchfell losgelassen wird.

A2 Sonne-Mond-Atmung Sie erläutern: „Die linke Nasenseite ist die Mondseite. Wenn wir uns das rechte Nasenloch zuhalten und nur durch das Linke atmen, beruhigt uns das, und wir können besser entspannen und schlafen." Praktizieren Sie diese Atmung für einige Atemzüge mit den Kindern in einer aufrechten Sitzhaltung. „Die rechte Nasenseite ist die Sonnenseite. Wenn wir das linke Nasenloch zuhalten und nur durch das Rechte atmen, werden wir wacher und können uns besser konzentrieren." Praktizieren Sie auch diese Atmung für einige Atemzüge mit den Kindern.

A3 Tönen Tönen Sie mit den Kindern entweder ganz frei irgendwelche Laute, die z. B. Tiere von sich geben könnten, oder tönen Sie gemeinsam die Vokale (a, e, i, o, u) und einige sich eignende Konsonanten (f, l, m, n, r, s, w) in verschiedenen Tonhöhen. Sie können zuerst die gleichen Laute tönen und anschließend verschiedene entstehen lassen, so dass es ein bunter Klangteppich wird.

A4 Summen Summen Sie mit den Kindern mit geschlossenem Mund drei Mal ein langgezogenes „Mmmmm".

A5 Volle Bauch-Brust-Atmung Die Kinder liegen auf dem Rücken. Sie sagen: „Leg eine Hand auf den Bauch und die andere auf die Brust. Lass deinen Atem ganz tief in deinen Bauch fließen und spüre, wie sich dabei deine Hand auf dem Bauch mit hebt. Atme wieder vollständig aus. Nimm ein paar solche tiefen Bauchatemzüge .... Nun atme weiterhin tief in den Bauch ein und dann weiter hoch in deinen Brustkorb, so dass sich auch diese Hand beim Einatmen hebt. So füllst du dich, wie einen Luftballon, ganz voll mit Luft bis hoch zu den Schlüsselbeinen. Atme anschließend wieder von oben nach unten vollständig aus. Wiederhole diese vollständige Bauch-Brust-Atmung ein paar Mal. Entspanne nun den Atem und schaue seinem freien Fluss hinterher."

A6 Ha-Atmung „Zieh mit dem Einatmen deine Schultern zu den Ohren nach oben und lass sie beim Ausatmen mit einem lauten „Ha" wieder nach unten fallen. Wiederhole das einige Male."

A7 „Om"-Klangteppich Setzen Sie sich bequem und aufrecht im Kreis hin. Alle singen das „Om" (S. 13) in ihrer Tonhöhe und so lange wie möglich immer und immer wieder, so dass ein „Om"-Klangteppich entsteht. Irgendwann verklingt er von alleine und alle sind still.

Konzentration und Wahrnehmung

Neben der Bewegung und Lebendigkeit im Kinderyoga ist es wichtig, Momente der Konzentration und Stille zu schaffen, in denen die Kinder äußerlich und innerlich ruhig werden können. Die Sinneswahrnehmungen eigenen sich dafür im Besonderen. Hier einige Übungsvorschläge:

W1 Wasser Füllen Sie langsam eine Schüssel mit Wasser und lassen Sie die Kinder dem Plätschern lauschen und die Wasseroberfläche beobachten. Wenn die Schale voll ist, können die Kinder reihum die Wasseroberfläche durch Pusten in Bewegung bringen.

K2 Rhythmus Klopfen Sie zwei Steine in einem einfachen Rhythmus aneinander. Alle Kinder nehmen sich auch zwei Steine und übernehmen diesen Rhythmus. Immer wenn Sie stoppen, stoppen alle. Wenn Sie einen neuen Rhythmus beginnen, finden alle in den neuen Rhythmus. Lassen Sie auch einzelne Kinder einen Rhythmus angeben. Zum Abschluss dürfen sich alle hinlegen, und Sie klopfen einen immer langsamer und leiser werdenden Rhythmus, der in der Stille verklingt.

W3 Lauschen Die Kinder sitzen (wie der Affe Bodo) mit geschlossenen Augen da und lauschen nach Geräuschen um sich herum. Welche Geräusche sind zu hören? Lauschen Sie eine Weile in Stille, und lassen Sie die Geräusche dann von den Kindern benennen.

W4 Geräuschrichtungen Die Kinder sitzen (weiterhin) mit geschlossenen Augen da und lauschen. Sie selbst gehen möglichst lautlos im Raum herum und lassen z. B. mit den Zimbeln einen Klang entstehen. Wenn die Kinder diesen hören, zeigen sie mit der Hand in die Richtung des Klangs.

W5 Sonnenstrahlen Ein Kind liegt auf dem Boden. Reihum dürfen die anderen Kinder eine Hand als Sonnenstrahl auf den Körper des liegenden Kindes legen. Dieses darf sagen, wo es von dem Sonnenstrahl (einem Kind) berührt wird. Danach wird gewechselt, so dass jedes Kind, das möchte, einmal daliegen darf und nacheinander von den Sonnenstrahlen berührt wird.

K6 Blumen blühen auf Knüllen Sie ein Chiffontuch in ihren Händen zusammen, so dass es möglichst vollständig in Ihren Händen versteckt ist. Öffnen Sie langsam die Hände. Das

Chiffontuch entblättert sich, wie eine sich entfaltende Blume. Nun dürfen alle Kinder dies mit einem eigenen Tuch tun.

K7 Kerzenflamme Zünden Sie in der Mitte des Kreises eine Kerzen an und blicken Sie diese mit den Kindern gemeinsam schweigend an.

K8 Räucherstäbchen Stecken Sie ein Räucherstäbchen in eine Schale mit Sand und, zünden Sie es an. Anfangs bildet sich eine Flamme an der Spitze des Stäbchens. Pusten Sie diese nach einem Moment aus. Betrachten Sie mit den Kindern schweigend das Glühen und vor allem den aufsteigenden Rauch in seiner Formenvielfalt.

K9 Klänge zählen Schlagen Sie einige Male in langsamem Rhythmus Zimbeln oder eine Triangel an und lassen Sie die Kinder die Klänge mitzählen. Der Rhythmus des Anschlagens kann mit jedem Mal langsamer werden.

K10 Mandala legen Setzen Sie sich gemeinsam in einen Kreis und stellen Sie einige Körbchen mit verschiedenen Naturmaterialien bereit. Legen Sie einen markanten Naturgegenstand, den es vielleicht nur ein Mal gibt, in die Mitte. Lassen Sie die Kinder um diesen Gegenstand herum der Reihe nach in Stille ein Sonnen-Mandala aus den übrigen Naturmaterialien legen.

Entspannung

Der Moment der Entspannung ist im Yoga sehr wichtig. Körper und Geist bekommen die Möglichkeit, vollkommen loszulassen. Das vegetative Nervensystem wird aktiviert, und die Organe entspannen sich. Der gesamte Organismus bekommt eine Ruhepause. Alles kann sich neu ordnen.

Es kommt vor, dass sich die Kinder in einer kurzen Zeit entspannt haben, bzw. ihnen die Ruhe fehlt, länger liegen zu bleiben. Gehen Sie gelassen und spielerisch damit um. Es hat keinen Sinn, Kinder zur Entspannung zu zwingen. Doch schaffen Sie den Raum in liebevoller Klarheit, und üben Sie gemeinsam. Je mehr sich die Kinder daran gewöhnen, für eine Weile ruhig zu sein, desto einfacher und länger können diese Phasen werden.

Nach der Entspannungsübung können Sie die Kinder wieder zurückholen, indem Sie sagen: „Komm langsam zurück. Spüre, wie du auf dem Boden liegst. Atme tief ein und aus. Beginne dich zu recken und zu strecken. Sei wieder ganz zurück im Hier und Jetzt." Folgende Übungen haben sich in der Praxis bewährt:

E1 Verschwimmendes Bild „Fridolin und Selina legen sich auf ihrem Baumhausbalkon auf den Rücken und blicken hinauf in das Blätterdach des Zauberwalds. Sie beginnen die Bilder der Blätter und Äste vor ihren Augen verschwimmen zu lassen. Tu das Gleiche mit etwas, was du über dir erblickst. Es ist ein wenig, als würdest du durch die Dinge hindurchschauen. Dann beginnen sie zu verschwimmen."

E2 Kalimba Sie spielen leise die Kalimba. Die Kinder liegen auf dem Boden und lauschen den Klängen evtl. mit geschlossenen Augen.

E3 Lichtdusche Ein Kind darf sich in die Mitte stellen. Alle anderen Kinder bilden einen Kreis drum herum und lassen ihre Hände wie Wasser aus einer Dusche vom Kopf über den ganzen Körper nach unten zu den Füßen sachte gleiten / fließen. Das Kind in der Mitte kann sich dabei vorstellen, in Licht zu duschen. Die Kinder im Kreis können sich vorstellen, dass warmes, liebevolles Licht durch ihre Hände fließt.

E4 Klangschalen Alle Kinder legen sich auf den Bauch oder den Rücken. Sie stellen reihum den Kindern die Klangschale auf den Rücken oder den Bauch, schlagen sie an und lassen sie so lange klingen, bis sie verklungen ist. Die Kinder dürfen schweigend die Schwingungen spüren und dem Klang lauschen.

E5 Bauch-Atem-Wellen Die Kinder legen sich auf den Rücken und die Hände auf den Bauch (wie die Affen). Sie lassen ihren Atem ganz tief in den Bauch fließen, bis in die Hände hinein. Der Bauch hebt sich beim Einatmen und senkt sich beim Ausatmen. Der Atem kommt und geht wie die Wellen des Meeres. Die Hände schweben auf den Wellen, auf dem Bauch, auf und ab.

Massagen

Es ist wichtig, Massagen mit den Kindern achtsam einzuführen. Während der Massage können Sie ruhige Musik abspielen. Geben Sie den Kindern folgende Hinweise:

- Massagen sollen gut tun.
- Man geht mit dem Partner rücksichtsvoll um.
- Nicht auf der Wirbelsäule massieren.
- Keine ruckartigen Bewegungen machen.
- Man darf und soll seinem Partner sagen, wenn beim Massieren etwas unangenehm ist.

M1 Zaubermassage Wir zaubern unsere Hände und Finger mit einem Zauberspruch in verschiedene Tiere, die sich über den Rücken bewegen: „Knasterbix und Knasterbax, zaubern ist ein Klacks. Alle Hände Groß und Klein sollen … sein!" Z. B:

- sanfte Katzentatzen – mit flachen Händen abrollen.
- hüpfende Froschfüße – mit flachen Händen vorsichtig hüpfen.
- kriechende Schnecken – mit den Handflächen gleiten.
- kleine Mäusefüßchen – mit den Fingerspitzen krabbeln.
- sanft krallende Tigertatzen – mit den Fingern sanft krallen.
- schlängelnde Schlangen – mit den Handkanten gleiten.

M2 Kopf-Krabbeln Zum Wachwerden und gleichzeitigen Entspannen, mit den Fingerspitzen die eigene Kopfhaut massieren und krabbeln, als würde man die Haare waschen oder vorsichtig kratzen. Man kann auch ganz sachte an den Haaren ziehen.

M3 Affen-Krabbeln Ein Kind (nach dem anderen) darf sich (wie Bodo) in die Mitte des Kreises stellen. Alle anderen krabbeln, drücken, massieren und streicheln es liebevoll und achtsam von Kopf bis Fuß.

M4 Arm-Bein-Tanz Zwei Kinder tun sich zusammen. Ein Kind legt sich auf den Rücken. Das andere Kind nimmt vorsichtig die Beine des liegenden Kindes an den Fußgelenken und lässt sie gestreckt über dem Boden ein wenig hin- und herpendeln. Es ist wichtig, dass die Beine gut gehalten werden, damit das liegende Kind entspannt und vertrauensvoll die Beine abgeben kann. Das liegende Kind gibt vollkommen ab, tut nichts und lässt sich komplett bewegen. Dann kann das stehende Kind beginnen, die Beine seines Partners frei zu bewegen. Es kann sie in verschiedene Richtungen bringen, sie aufrichten, beugen, nach außen führen, … Es ist ein wenig, als ob es mit den Beinen des Kindes tanzt. Anschließend legt es die Beine vorsichtig wieder ab. Das Gleiche kann es mit den Armen tun. Es greift die Handgelenke, hebt sie vom Boden ab und erkundet, wie es sie bewegen kann. Synchron oder asynchron. Ein Tanz mit den Armen.

M5 Sonnenhände Ein Kind darf sich in die Mitte legen. Alle anderen legen eine Hand oder beide wie warme Sonnen auf dessen Körper. Sie stellen sich vor, dass die warmen Strahlen in den Körper des Kindes in der Mitte fließen. Jedes Kind darf sich mal in die Mitte legen.

27 Asanas (Körperübungen) von A-Z

Im Yoga werden die Körperübungen Asanas genannt. Sie sind durch Körperstudien und das Nachahmen und Nachfühlen der Natur entstanden. Es ist wichtig, dass die Asanas auf eine spielerische und entdeckende Weise, ganz ohne Leistungsgedanken durchgeführt werden. Sie können die Kinder dabei sanft korrigieren und ihnen Hilfestellung geben. Der Atem sollte immer frei fließen, in der Regel durch die Nase.

Achten Sie darauf, die Kinder beim Üben einfühlsam zu führen, so dass sie sich spüren, fordern, neu erfahren und sich zugleich nicht überfordern. Dehnungen immer langsam ausführen! Jede Praxis dient dazu, sich selbst ein Stück näherzukommen und mit dem großen Ganzen verbunden zu fühlen. Im Folgenden finden Sie Abbildungen und Erklärungen zum Üben der Asanas, wie auch Angaben zu deren spezifischen Wirkungen auf Körper, Geist, Organe, Nervensystem, Emotionen und Energiehaushalt (siehe Pfeilsymbol).

Balancierender Held

Aufrecht stehen und die Arme nach oben strecken. Gewicht auf einen Fuß verlagern und das Bein anspannen. Das andere Bein nach hinten gestreckt anheben und mit dem Oberkörper nach vorne beugen, bis Bein und Oberköper möglichst in einer waagerechten Ebene sind. Der Blick geht zum Boden und der Nacken bleibt lang. Die Arme gestreckt schulterbreit auf der Höhe der Ohren halten. Die Hände schauen sich an. Wechseln.

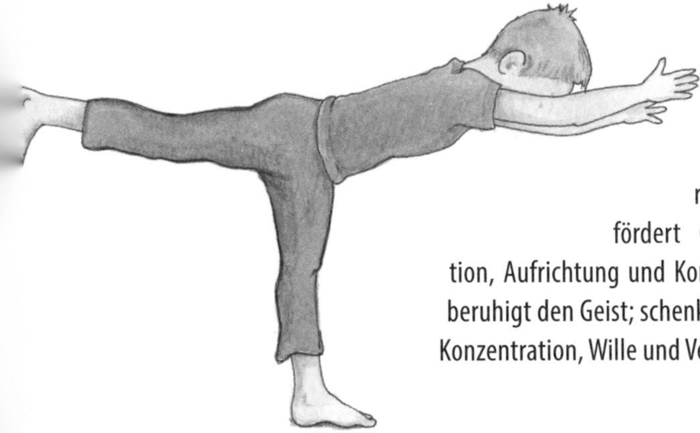

→ Stärkt Beine, Rumpf, Arme, Schultern und Nacken; öffnet Brust, Schultern und Lunge; regt die Verdauung an; fördert Gleichgewicht, Koordination, Aufrichtung und Konzentration; harmonisiert; beruhigt den Geist; schenkt innere Balance, Klarheit, Konzentration, Wille und Vertrauen.

Berg

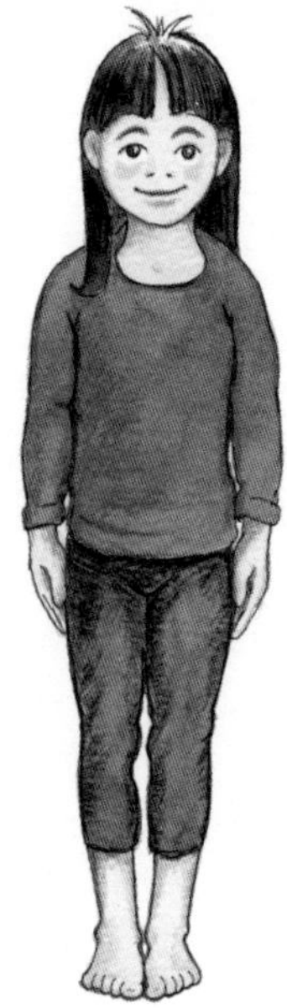

Aufrecht stehen. Die Arme hängen neben dem Körper. Gewicht auf den Füßen gleichmäßig verteilen und die Erde spüren. Durch den Körper nach oben wachsen, Wirbelsäule aufrichten und durch das Schädeldach mit dem Himmel verbinden. Fingerspitzen ziehen leicht in Richtung Boden. Tief und ruhig atmen.

—> Stärkt Rücken und Oberschenkel; entlastet die Wirbelsäule; fördert Gleichgewicht, Aufrichtung und ruhigen Atem; erdet und entspannt; fördert Konzentration, Energie, Selbstwert, Standfestigkeit, Ruhe und Gelassenheit.

Brett

Sitzen mit ausgestreckten Beinen; sich mit den Händen hinter dem Rücken auf dem Boden abstützen. Finger zeigen nach hinten oder zum Gesäß. Gesäß abheben, Beine und Rumpf in eine Ebene strecken, Füße zum Boden strecken. Becken und Brust ziehen nach oben. Kopf nach hinten senken oder in Verlängerung der Wirbelsäule halten.

—> stärkt Beine, Gesäß, Rücken, Arme und Handgelenke; dehnt die Beine; öffnet Schultern und Brust; streckt die Wirbelsäule; fördert die Durchblutung in Nacken und Kopf; verdauungsfördernd; schenkt Ausdauer, Willens- und Entscheidungskraft.

Brücke

Auf dem Rücken liegen. Füße beckenbreit nah am Gesäß aufstellen. Hände an die Knöchel oder in diese Richtung bringen. Gesäß abheben, Wirbel für Wirbel auf die Schultern hochrollen. Schulterblätter zusammen, Nacken lang, Brustbein in Richtung Kinn. Becken schiebt nach oben, Fersen in den Boden. Handrücken an die Innenseite der Füße legen. Tief atmen.

—> Stärkt Beine, Gesäß und Rücken; dehnt Oberschenkel, Bauch, Brust und Schultern; öffnet Nacken, Brust, Herz und Lungen; mobilisiert die Wirbelsäule; regt die Schilddrüse an; dehnt die Bauchorgane; verjüngend; hilft Brücken zu schlagen und durchzuhalten.

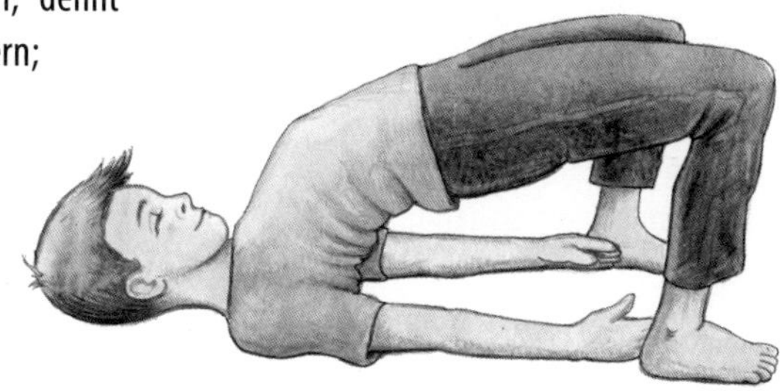

Delfin

Fersensitz. Beide Ellenbogen greifen und am Boden absetzen, Hände lösen und falten. Ellenbogen bleiben schulterbreit am Boden stehen. Knie unter das Becken stellen, dann die Beine durchstrecken. Nun springt der Delfin über die Wellen. Einatmend den Kopf nach vorne schieben. Die Nase Richtung Boden vor den Händen bringen. Ausatmend den Rumpf nach hinten bewegen und die Stirn hinter den Händen Richtung Boden bringen.

—> Stärkt Arme, Schultern, Nacken, gesamten Rumpf, Becken, Beine und Sprunggelenke; dehnt Schultern, Oberschenkel, Waden und Rücken; fördert die Verdauung; vertieft die Atmung; erdet, stärkt, harmonisiert; schenkt Mut, Selbstbewusstsein, Willenskraft und Konzentration.

Dreieck

Die Füße stehen zweischulterbreit auf einer Linie. Der rechte Fuß geht nach rechts, der linke in die Diagonale hinterher. Beide Beine gestreckt, Becken bleibt geöffnet, rechter Beckenknochen schiebt nach vorne. Arme in die Waagerechte. Oberkörper nach rechts kippen, rechte Hand an das Bein legen, linker Arm senkrecht nach oben. Blick geht nach oben. Atmen. Seite wechseln.

—> Stärkt Beine, Rumpf, Schultern, Arme und Nacken; dehnt Beine, Rücken, Bauch und Flanken; öffnet Becken, Brust und Schultern; mobilisiert die Wirbelsäule; fördert Balance, Flankenatmung und Verdauung; unterstützt die aufrechte Haltung; erdend, aktivierend und ausgleichend; öffnet für Neues.

Fahne

Aufrecht stehen. Mit den Augen einen Punkt fixieren. Gewicht auf einen Fuß verlagern, ein Bein anheben und den großen Zeh mit Zeige- und Mittelfinger greifen. Alternativ den Fuß mit der Hand greifen. Das Bein nach vorne so weit wie möglich ausstrecken. Den anderen Arm nach hinten strecken. Zur vorderen oder hinteren Hand schauen. Seite wechseln.

—> Stärkt Beine, Arme und Rumpf; dehnt den Oberschenkel; öffnet Schulter- und Beckengürtel; kreislaufanregend; fördert Gleichgewicht, Koordination, Aufrichtung und Konzentration; beruhigt den Geist.

Friedlicher Held

Große Schrittstellung. Vorderer Fuß geradeaus, hinterer Fuß in der Diagonalen flach abgestellt. Fersen in einer Linie. Hinteres Bein durchgestreckt. Vorderes Bein gebeugt. Knie über dem Sprunggelenk. Arme senkrecht, schulterbreit nach oben gestreckt. Schultern sinken. Kopf / Blick nach vorne oder leicht oben.

—> Stärkt Beine, Arme, Schultern und Rücken; öffnet Hüfte, Schultern, Brust und Lungen; mobilisiert die Wirbelsäule; regt die Verdauung an; aktiviert; schenkt Balance, Standfestigkeit, Ausdauer und Stärke.

Gedrehter Baumstumpf

Auf den Fersen sitzen. Dann links neben die Fersen sitzen und rechtes Bein überschlagen. Wenn das Gesäß sich dabei löst, das linke Bein ausstrecken. Der rechte Fuß ist neben dem linken Oberschenkel aufgestellt. Das rechte Bein nah heranziehen und mit dem linken Arm halten. Rücken strecken und Gesäß sinken lassen. Über die rechte Seite nach hinten drehen. Die rechte Hand hinter dem Gesäß abstellen. Den Kopf so weit als möglich über die rechte Schulter drehen. Atmen. Seite wechseln.

—> Stärkt Rücken und Bauch; dehnt Gesäß, Rücken, Bauch und Brust; öffnet die Hüfte; dreht die Wirbelsäule; massiert die Bauchorgane; beruhigt, zentriert, erdet und harmonisiert; inneres Gleichgewicht und Aufrichtung.

Heuschrecke

Auf dem Bauch liegen, Arme über den Kopf nach vorne strecken. Mit dem Einatmen Arme, Beine und Kopf vom Boden abheben und halten. Tief atmen.

—> Stärkt Beine, Gesäß, Rücken, Schultern, Arme und Nacken; dehnt Bauch, Hüftbeuger und Beinstrecker; regt die Verdauung an; aktiviert; stärkt Selbstbewusstsein, Willenskraft, Rückgrat und Durchsetzungsvermögen.

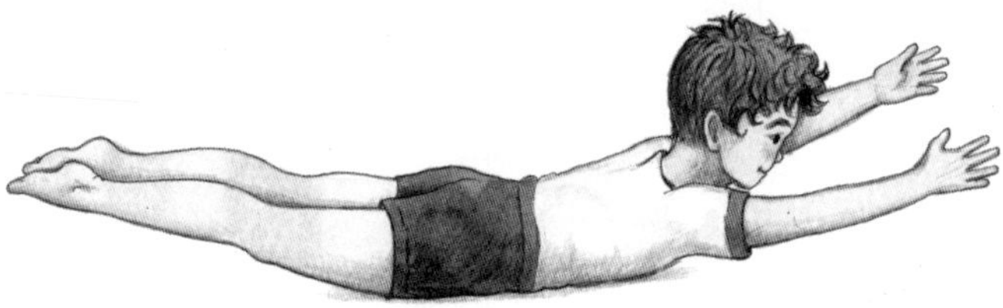

Kamel

Beckenbreit knien. Steißbein zum Boden ankern. Hände am Kreuzbein, Beckenkamm mit den Fingern nach unten. Schulterblätter nah zusammen. Brust öffnen. Oberkörper wächst nach oben und hinten. Nacken lang lassen. Bei großer Flexibilität mit den Händen zu den Fersen greifen. Arme strecken. Becken schiebt vor, Oberschenkel möglichst senkrecht. Gesicht nach oben oder hinten gerichtet.

—> Stärkt Oberschenkel, Gesäß, Rücken, Schultern und Arme; dehnt Oberschenkel, Bauch, Brustkorb, Schultern, Hals, Lunge und Herz; regt Kreislauf und Stoffwechsel an; aktivierend und herzöffnend; fördert aufrechte Haltung und Lebensfreude.

Käfer

Auf dem Rücken liegen. Mit Armen und Beinen zappeln, sie schütteln. Hände und Füße schütteln. Beine uns dem Becken „rausschleudern" wollen. Auf dem Rücken räkeln.

—> Stärkt Arme, Beine und Bauch; lockert Gelenke, Arme, Schultern, Beine, Becken und Wirbelsäule; schenkt Freude und Entspannung.

Kugel-Schmetterling

Aufrecht sitzen und die Fußsohlen aneinanderlegen. Fersen möglichst nah zum Körper bringen. Den Rumpf zu einer Seite schräg nach hinten neigen, Rücken runden und über die Seite auf den Rücken rollen. Rund bleiben und mit dem gleichen Schwung auf der anderen Seite gleich wieder hochrollen zum Sitzen. Später die Rollrichtung wechseln.

—> Öffnet die Hüften; dehnt die Oberschenkelinnenseite und Knöchel; stimuliert die Organe; regt die Durchblutung an; fördert die Koordination; macht wach, fröhlich und entspannt.

Kuh(-gesicht)

Auf den Fersen sitzen. Links neben die Fersen sitzen und rechtes Bein überschlagen, so dass der Fuß neben dem Oberschenkel mit der Außenkante aufliegt. Knie möglichst nah zueinander bringen. Wenn der rechte Sitzhöcker abhebt eine Decke unter die linke Pobacke legen. Aufrechter Rücken. Linke Hand greift von oben zwischen die Schulterblätter und die rechte Hand von unten. Hände eventuell greifen. Linker Ellenbogen Richtung Decke. Rechtes Schulterblatt Richtung Wirbelsäule. Kopf aufrecht. Atmen. Seite wechseln.

—> Stärkt Rücken, Arme und Schultern; dehnt Gesäß und Beine; öffnet Hüfte, Knie, Schultern, Brust und Herz; streckt die Wirbelsäule; erdet, beruhigt den Geist und beschwingt.

Liegestuhl (= liegender Held)

Zwischen die Füße auf den Boden setzen während die Füße nach hinten zeigen und die Knie sich berühren. Wenn das nicht geht, eine Decke unter das Gesäß legen. Nun gibt es drei Varianten: 1. Hände hinter sich aufstützen, Knie zusammen und am Boden lassen, Schulterblätter zueinander bewegen, Brustbein zur Decke öffnen, nach vorne, oben oder hinten blicken – je nachdem, wie es der Nacken erlaubt. 2. Ellenbogen hinter sich aufstützen, Becken kippen, das Schambein schiebt Richtung Decke, so dass sich der untere Rücken streckt. Alles weitere wie bei der 1. Variante. 3. Zwischen den Beinen nach hinten ablegen. Knie bleiben zusammen am Boden, das Becken kippt und die Arme gehen gestreckt über den Kopf nach hinten auf den Boden. Achtung: Knie und unterer Rücken dürfen nicht schmerzen!

—> Dehnt Oberschenkel und Bauch; streckt die Wirbelsäule; fördert Beweglichkeit in Fuß-, Hüft- und Kniegelenk; durchblutungs- und verdauungsfördernd; aktivierend; schenkt Mut, Stärke und Ausdauer.

Nach oben schauender Hund

Vom Vierfüßlerstand (Katze) aus die Beine und Arme durchstrecken und zunächst in den nach unten schauenden Hund gehen: Der Po zeigt Richtung Decke. Finger spreizen, Handflächen im Bodenkontakt. Fersen sinken in Richtung Boden. Beine, Arme und Nacken sind lang, der Kopf entspannt, der Rücken gestreckt. Dann das Becken kippen, den Rücken rund werden lassen. Becken sinkt, Brust öffnet sich nach vorne, Blick geht nach vorne. Zwischen den Schultern nach oben herauswachsen. Fersen schieben nach hinten. Beine lang. Knie und Becken in der Luft.

—> Kräftigt Oberschenkel, Bauch, Rücken, Arme und Schultern; öffnet Brustkorb, Lungen und Herz; macht die Wirbelsäule beweglich; regt Verdauung und Kreislauf an; aktiviert; hellt die Stimmung auf; schenkt Selbstbewusstsein.

Pflug

Auf dem Rücken liegen, die Beine vorsichtig über und hinter den Kopf bringen. Mit den Händen den Rücken unterstützen. Beine strecken. Eventuell die Zehen auf den Boden bringen. Dann die Hände lösen und hinter dem Rücken mit gestreckten Armen falten. Schulterblätter nah zusammen. Gut auf Schultern stehen. Halswirbelsäule liegt nicht am Boden. Tief atmen.

—> Dehnt Rücken, Beine, Gesäß, Nacken und Schultern; regt Schilddrüse und Bauchorgane an; harmonisiert, gleicht aus und zentriert; fördert Geduld.

Schnecke

Auf dem Rücken liegen, die Beine vorsichtig hinter den Kopf bringen und den Rücken mit den Händen unterstützen. Beine anwinkeln. Füße evtl. am Boden. Knie sinken Richtung Boden oder berühren ihn. Hände können vielleicht zu den Füßen oder Beinen gehen.

→ Dehnt Rücken, Gesäß, Oberschenkel, Schultern; regt Schilddrüse und Bauchorgane an; steigert den Blutfluss zum Kopf; gut für die Ohren; beruhigt und klärt den Geist; regenerierend; Innenschau.

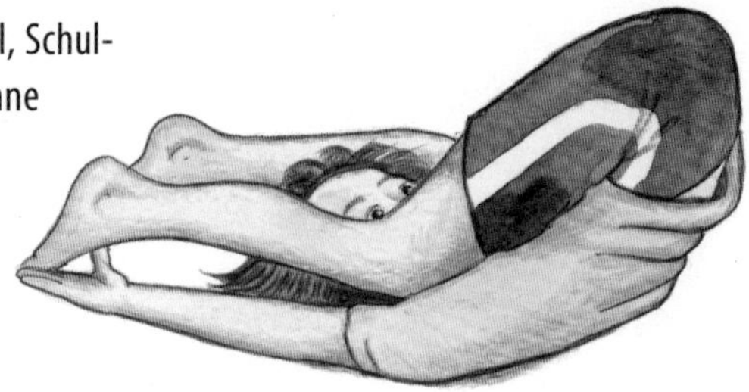

Segelboot

Aufrecht sitzen mit gestreckten und gegrätschten Beinen. Arme nach oben strecken und zu einer Seite beugen. Um die Seite zu wechseln über vorne zur anderen Seite schwingen, als würde das Segel zur anderen Seite wehen.

→ Dehnt Wade, Oberschenkel und Gesäß; öffnet Flanken und Schultern; mobilisiert die Wirbelsäule; regt Organe und Durchblutung an; beruhigend; fördert Geduld, Hingabe und die Fähigkeit loszulassen.

Seitliches Brett

Auf die Seite drehen, eine Hand aufstützen und die Füße übereinander legen. Becken anheben, Beine und Rumpf in eine Linie bringen. Den anderen Arm nach oben strecken und mit den Armen und dem Brustkorb eine Senkrechte bilden. Blick Richtung obere Hand. Seite wechseln.

—> Stärkt Handgelenke, Arme, Rumpf, Bauch, Rücken und Beine; fördert das Gleichgewicht; vertieft die Atmung; erdet und harmonisiert; schenkt Freude, Selbstvertrauen, Entschlossenheit und Durchhaltevermögen.

Stein (=Stellung des Kindes)

Auf den Schienbeinen sitzen. Oberkörper auf den Oberschenkeln ablegen. Arme nach hinten ablegen. Die Stirn ruht am Boden. Alternativ mit den Händen unter dem Kopf ein Kissen bilden. Alles loslassen und ruhig atmen.

—> Streckt Rücken, Schulter und Wirbelsäule; öffnet die Schulterblätter; aktiviert Blutkreislauf und Bauchorgane; harmonisiert; fördert Urvertrauen, Demut und Loslassen; Einkehr.

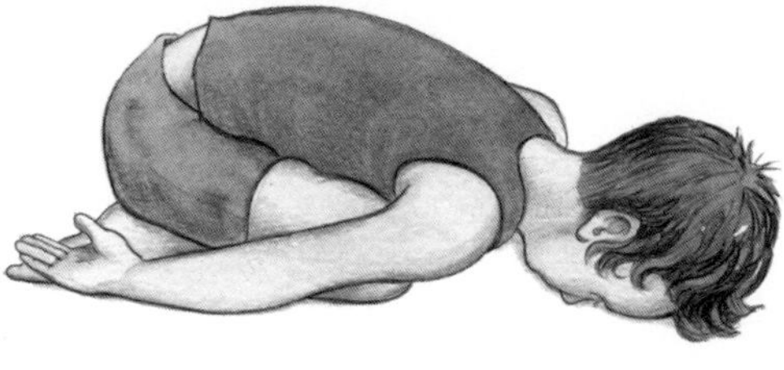

Stuhl

Füße hüftbreit. Arme senkrecht nach oben strecken. Schultern sinken. Knie beugen und mit möglichst aufrechtem Oberkörper das Gesäß senken als würde man sich auf einen Stuhl setzen. Rücken möglichst gerade halten. Lange Armen neben den Ohren. Atmen.

—> Stärkt Knöchel, Oberschenkel, Rücken, Bauch, Schultern und Arme; dehnt den Brustkorb; lockert die Schultern; unterstützt eine aufrechte Haltung; aktiviert; schenkt innere Kraft und Durchhaltevermögen.

Taube

Vierfüßlerstand. Rechten Fuß hinter die linke Hand stellen und Knie vorsichtig zur Seite gehen lassen. Linkes Bein nach hinten ausstrecken. Fuß und Knie ablegen. Oberkörper aufrichten. Die Beckenknochen sind auf einer Höhe. Hände vorne aufstellen. Schulterblätter zueinander bringen. Blick nach vorne oder leicht nach oben.

—> Öffnet Hüfte, Brust und Schultern; dehnt Oberschenkel und Leiste; stärkt Rücken und Bauch; massiert die Organe; beruhigt.

Tänzer(in)

Aufrecht stehen. Wirbelsäule strecken. Füße mit der Erde verbinden. Gewicht auf linken Fuß verlagern, den rechten Fuß heben und mit der rechten Hand greifen. Linken Arm nach oben strecken. Daumen und Zeigefinger berühren sich. Rechten Fuß nach hinten schieben. Aufrecht stehen bleiben, erden, lächeln und atmen.

→ Stärkt Fußgelenke, Beine, Gesäß, Rücken, Schultern und Arme; dehnt und öffnet Oberschenkel, Hüfte, Bauch, Brust und Schulter; regt den Kreislauf an; fördert Gleichgewicht, Stabilität, Konzentration und Zielgerichtetheit; schenkt Freude und Aufrichtigkeit.

Tisch

Die Füße stehen beckenbreit unter den Knien; die Hände unter den Schultern am Boden abstützen; Finger zeigen nach hinten. Oberschenkel, Becken und Bauch möglichst in der Waagerechten. Blick nach vorne gerichtet. Tief atmen.

→ Stärkt Beine, Gesäß, Rücken, Schultern und Arme; dehnt die Oberschenkelvorderseite; öffnet den Brustkorb; stärkt Willen und Entscheidungskraft; hilft Altes loszulassen.

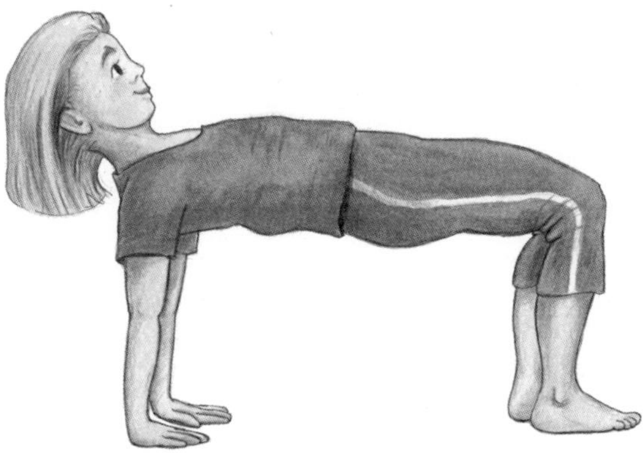

Turnende Katze

Hände schulterbreit unter den Schultern am Boden aufstützen. Die Knie sind beckenbreit unter dem Becken am Boden. Das Zentrum – den unteren Bauch – spüren und nach vorne blicken. Rechten Arm und linkes Bein heben. Hinter dem Gesäß den Knöchel von außen greifen. Den Fuß mit der Hand zusammen nach oben ziehen. Aus der Schulter heraus wachsen. Seite wechseln.

→ Stärkt Handgelenke, Arme, Schultern, Beine, Gesäß, Rücken und Nacken; dehnt Oberschenkel, Bauch, Brust und Schultern; öffnet die Brust; mobilisiert die Wirbelsäule; regt die Verdauung an; aktivierend und harmonisierend; stärkt Gleichgewicht, Geschmeidigkeit, Freude und Konzentration.

Vogel

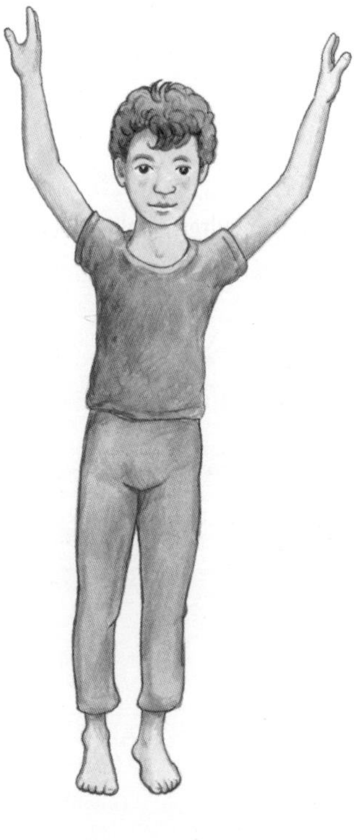

Mit leicht geöffneten Füßen aufrecht stehen. Die Arme wie ein fliegender Vogel seitlich auf und ab bewegen. Eventuell mit dem Einatmen nach oben bewegen und mit dem Ausatmen senken. Je nach Stimmung auf diese Weise durch den Raum „fliegen".

→ Öffnet Schultern, Brust und Lungen; lockert die Schultern; lässt den Atem tiefer gehen; schenkt Entspannung, Leichtigkeit und Freude.

Asanas ohne Bildkarten

Zu den folgenden Asanas, die Sie im Fluss der Geschichten mit den Kindern üben können, gibt es keine Bildkarten:

Fahrrad

Auf dem Po sitzen, Arme nach vorne strecken, Füße abheben und mit den Beinen in kreisenden Bewegungen „in die Pedale treten". In den Kurven die Beine zur Seite kippen und die Arme „am Lenker" zur anderen Seite.

schrauben

Beine schulterbreit, Körper aufrecht, Blick nach vorne, Arme gleichzeitig und gemeinsam mit Schwung für einige Umdrehungen rückwärts schwingen.

Sonne

Breitbeinig aufrecht stehen (etwa in doppelter Hüftbreite). Die Arme diagonal nach oben strecken, Schultern sinken lassen. Rücken und Nacken sind lang. Brustkorb öffnen. Warme Strahlen kommen durch Hände, Füße und Herz.

Schmetterling

Aufrecht auf dem Boden sitzen, Fußsohlen aneinanderlegen und Füße umgreifen; die Fersen sind möglichst nah am Körper. Die Knie sinken in Richtung Boden.

Anhang

20 Yoga-Stunden

Ausflüge

Im Zirkus zu Gast

Die blühende Wüste

Tiergeschichten

Bodos Geburtstag

Frühlingsfest der Tiere

Urmulas Glück

Wer bin ich?

Phantastische Abenteuer

Die Elfenrutsche

Im Zauberwald

Seeräuber Timbo

Zaubermeister Knasterbax

Die Wunschmaschine

Dies & das

Hallo Sonne!

Adventskalender

Affen-Partner-Yoga

Würfelspiel:

Die Karawane zieht los

Meditationen

Himmel und Erde

Die Licht-Dusche

Die Edelsteinhöhle

Herzenswissen

Regenbogen-Spiralen